AUX HABITANTS

DE

LA CAMPAGNE

LES OUTRANCIERS

« Aide toi, le ciel t'aidera. »

SAINTE-FOY
LIBRAIRIE DE T. BINARD

1882

AUX HABITANTS

DE

LA CAMPAGNE

LES OUTRANCIERS

« Aide toi, le ciel t'aidera. »

Prix : 25 centimes

SAINTE-FOY
LIBRAIRIE DE T. BINARD

1882

LES OUTRANCIERS

Au mois de mars de l'année dernière, j'adressai à nos députés une supplique pour les engager à s'occuper un peu des intérêts des habitants de la campagne ; pour les uns, l'auteur était trop avancé, pour les autres trop réactionnaire, et il eut le sort, prévu du reste, de tout orateur ou écrivain qui va droit son chemin sans flatter les passions de ceux à qui il s'adresse..... on ne l'écouta guère.

Qu'a-t-on fait pour les ouvriers des champs ? les choses n'ont pas changé depuis cette époque, si ce n'est que les redoutables fléaux qui menacent toujours les produits du sol se sont généralisés au point que la position des cultivateurs, des ouvriers et des commerçants, dont les professions se rattachent à l'agriculture, est devenue plus déplorable que jamais.

« Aide toi, le ciel t'aidera, » et puisque nous n'avons pas le temps, comme les ouvriers des grands centres, d'organiser des congrès où l'on distille du fiel, où l'on s'injurie et même où l'on se gourme sous le drapeau de la fraternité, formulons nos impressions, dont, si vous le voulez bien, je serai l'interprète.

J'ai le droit de revendiquer ce privilége, car je souffre des mêmes misères que vous, et si vous êtes républicains je le suis aussi, mais républicain pratiquant, lorsque tant d'autres se bornent à la théorie ; il y a bien longtemps qu'avec quelques-uns d'entre vous ma famille et moi avons mis en œuvre la fameuse doctrine républicaine, l'association du capital et du travail avec partage des produits.

De plus, *je considère comme un devoir* de mettre ma plume au service de ceux qui souffrent comme les autres travailleurs, mais qui ne se croient pas pour cela le droit de bouleverser la société de fond en comble, d'outrager, de menacer de pillage et de mort leurs concitoyens parvenus au bien-être par le travail et l'épargne — ces délits, prévus par le Code pénal, restent cependant impunis.

« Il ne m'a pas paru sans danger (dit le savant
« professeur d'économie politique de Bordeaux, M. Les-
« carret, dans une lettre adressée à la *Gironde*, le 20
« septembre dernier) d'habituer les masses à ces appels
« réitérés à la violence, à la spoliation et au meurtre,
« car il ne faut pas s'y tromper, les choses en sont arri-
« vées là. »

Campagnards, mes amis, voulez-vous savoir à quoi, après avoir vu se dérouler toutes nos misères, j'attribue l'état de malaise général dans lequel nous vivons, les antagonismes, les haines et les hostilités en permanence dans notre pauvre France ?

La faute en est aux meneurs de l'opinion, hommes d'Etat, sénateurs, députés, journalistes, qui, quelquefois par conviction, presque toujours, hélas ! par calcul, s'inféodent à un homme politique ou bien se cantonnent dans une idée, s'en fanatisent, et sans admettre le moindre amendement à leur système absolu et sans s'inquiéter de ce qu'il peut y avoir dans son application de dangereux, de ruineux et de blessant pour leurs concitoyens, veulent le pousser jusqu'à ses conséquences les plus rigoureuses.

C'est ce que j'appellerai : les *Outranciers*.

Oui, outranciers de malheur, exagérés et violents, c’est vous qui avez égaré l’opinion, c’est vous qui un jour serez jugés par votre conscience ou par l’histoire !

Votre dynastie est nombreuse et elle absorbe une formidable liste civile... prenons-en quelques-uns dans le tas.

Les Outranciers de la guerre, faisant bon marché de l’élite de nos jeunes gens, l’espoir d’un pays où malheureusement la population est stationnaire, qui, lorsque l’honneur de la France n’est pas engagé, pousseraient nos enfants sur les champs de bataille ! ont-ils consulté les pères et les mères de famille ? et dans l’intérêt de qui, s’il vous plaît, nous mettriez-vous à tous propos les armes à la main ? Vous voulez faire tomber la République dans les déplorables agissements de l’Empire, qui avait dit lui aussi : l’Empire, c’est la paix ! Nous n’oublierons pas de sitôt 1870, et en songeant à nos malheurs, nous nous rappellerons avec amertume l’indifférence dédaigneuse, peut-être la satisfaction de ces bons amis, nos alliés d’autrefois qui, sans l’or de la France et le sang de ses enfants, les uns seraient restés impuissants dans leurs entreprises, les autres ne seraient pas devenus une nation... tous, oublieux et ingrats ! Non, nous ne voulons plus jouer, à l’avenir, le rôle de dupes... peut-être de victimes !

Les Outranciers de l’anticléricalisme ; ils oublient qu’il n’y a pas déjà si longtemps, nous avions une religion d’Etat, et qu’un immense progrès s’est accompli en ce sens — ce progrès n’existe pas — pour les impatients, les violents et les despotes hypocrites, qui, au nom de la liberté, veulent avoir le droit, d’un côté, de dire que Dieu c’est le mal, et, de l’autre, de proscrire les croyances d’autrui ; ils espérent, sans doute, faire, du jour au lendemain, d’une nation de croyants,

catholiques, protestants ou israélites, une nation d'a-
thées ! Si, pour les remplacer, ces croyances séculai-
res, ces messieurs étaient seulement d'accord sur les
insanités qu'ils nous proposent ?

Ils le sont sur un seul point, pour proscrire l'Évan-
gile, qui, d'après eux, n'est plus même le grand code
de la fraternité humaine, mais tout simplement une
légende enfantine à l'usage des naïfs.

Pour construire la nouvelle Babel, voyons quels sont
les matériaux bariolés qu'ils apportent :

L'un, gonflé d'orgueil, à qui le nom de l'Être Suprême
écorche la bouche, le traduit, ce nom, par « *les forces
de la nature.* » Voyez-vous, d'ici, le père de famille,
dans un moment solennel, disant à ses enfants : *Que
les forces de la nature vous bénissent !*

L'autre nous offre comme une importante trouvaille,
réalisant pour l'esprit humain un immense progrès, la
métempsycose !... renouvelée des Grecs.

Un troisième, qui a blanchi sur la question de l'ori-
gine de la race humaine, nous annonce que l'homme
descend du singe, ce qui est bien flatteur pour l'huma-
nité... Mais, d'où vient le singe ? C'est à quoi notre
savant, qui croyait avoir trouvé la pie au nid, n'a pas
songé ; qu'il cherche toujours, peut-être arrivera-t-il
au crocodile.

O logique ! ô bon sens ! Ces songes creux, trouvant
sans doute ces belles inventions toutes naturelles, se
posent en adversaires acharnés du surnaturel !

Les gardiens de Charenton et de Cadillac n'auraient-
ils pas oublié, par hasard, de fermer ces établissements,
dont les pensionnaires se seraient dispersés sur la
France ? Ah ! ces pauvres fous, il faut les plaindre,
même ceux qui sont dangereux ; mais quant aux
déplorables badauds qui les écoutent et les applaudis-
sent, espérons qu'un jour ils auront une honte amère
de leur imbécillité !

Ce progrès n'existe pas non plus pour ces esprits paresseux que la réflexion fatigue, auxquels leur journal apporte chaque matin leur opinion de la journée, et qui sont très heureux de recevoir du meneur outrancier la formule toute faite : séparation de l'Église et de l'État, par exemple.; puis, lorsque le meneur lui-même, après avoir inconsidérément remué le pays et fait des ennemis à la République en agitant une question aussi grave, vient déclarer piteusement qu'il ne serait pas prudent de s'en occuper, sont-ils bien penauds, bien confus ? Pas le moins du monde... le bagage de leurs idées et si mince qu'ils s'accrochent désespérément à celle qu'on leur a suggérée, et pour un besoin même, ils désavoueraient leur chef de file.

Les Outranciers des travaux publics, presque tous ingénieurs, faisant beau, faisant cher, sans s'occuper de l'utilité des travaux qu'ils exécutent et surtout de la carte à payer... La France est si riche ! Mon journal m'annonce que sur les fameux 18,000 kilomètres de chemins de fer à exécuter, il y a déjà pour un milliard et quelques centaines de millions de travaux engagés — sans compter les ports maritimes, canaux, rivières, jusqu'au total respectable de quatre à cinq milliards ; — il exhorte ses lecteurs à patienter, et leur promet que le reste se fera avant peu... ; il est bon, là, le journal outrancier ! Mais suivons son conseil, prenons patience et payons, en outre, les grasses sinécures, les nouveaux emplois inutiles, les augmentations de traitement ; payons toujours, n'en perdons pas l'habitude, car nous aurons à payer bien davantage ! Si nous avons à racheter les chemins de fer déjà construits, si nous sommes obligés de faire les frais d'une nouvelle guerre, ou tout au moins de *salarier* les conseillers généraux, d'arrondissement et municipaux, les maires et leurs adjoints, nous finirons par crier miséricorde !

Ruraux encroûtés, l'État vous prêtera... ô la merveilleuse idée ! Mais l'État n'est plus Louis XIV, l'État c'est vous et moi, c'est le pays ; c'est ainsi que nous-mêmes serons appelés à faire une bonne part du prêt qui nous sera si gracieusement consenti, et au moyen duquel le gouvernement nous tiendra par une ficelle de plus... comprenez-vous, à la fin ?

M. Gladstone, le ministre anglais, comparant le budget de son pays avec le budget français a dit : « Nos propres dépenses deviennent insignifiantes quand « on les compare au chiffre *presque prodigieux* de « celles d'un peuple voisin qui n'est pas plus riche que « nous. »

Campagnards, mes amis, j'espère que vous intimerez l'ordre formel à vos députés à venir, de mettre fin à ces prodigalités insensées.

Les outranciers de l'instruction publique, prenant les enfants de six à treize ans, courbant leurs pauvres poitrines sur des pupîtres et les tenant là immobiles des heures entières et presque toute l'année... est-ce que la vie et l'exercice en plein air ne les prépareraient pas mieux à faire des soldats vigoureux et solides ? Mais, dites-moi, mes amis, qui ira porter le coutre au forgeron, qui gardera les troupeaux ? tous les enfants, filles et garçons, seront à l'école ; il faudra y aller vous-même ou louer un homme ou une femme, si vous en trouvez, et comment les payer ? et si votre tout petit enfant va à l'école, distante quelquefois de deux ou trois kilomètres, qui ira tous les jours l'accompagner, ou le laisserez-vous aller tout seul ? Les gens gonflés de science qui imaginent ces beaux systèmes connaissent les mœurs et les besoins des campagnards à peu près comme cet ancien ministre de l'agriculture, qui confondait le seigle avec le blé, connaissait les produits du sol.

Nous comprenons la laïcité, puisque tous les cultes sont égaux devant la loi, mais la laïcité n'excluant pas les devoirs envers Dieu, l'être créateur et dispensateur dont l'idée s'impose à l'univers entier ; la gratuité, quoique les sept cents millions destinés à l'instruction publique ne soient pas payés par tous ceux qui en profiteront ; avec la laïcité et la gratuité l'émulation aurait suffi, mais l'obligation avec ses sanctions pénales est tout à fait antipathique aux gens de la campagne : elle sera d'une exécution très difficile et amènera des actes vexatoires et arbitraires. Ah ! nous voyons d'ici les futurs membres des commissions scolaires, et nous sommes fixés d'avance sur l'impartialité de quelques-uns d'entre eux.

Mais parmi les très rares enfants qui n'iraient pas à l'école il y aurait peut-être des génies incompris? M. Thiers, fils d'un artisan, n'avait jamais été à l'école laïque, gratuite et obligatoire, ce qui ne l'a pas empêché de faire couvrir quarante fois l'emprunt de la nation vaincue, de libérer le territoire et de fonder la République ; oui, c'est lui, avec l'aide de ses amis, qui a fondé la République, et eux seuls pouvaient le faire, n'en déplaise à ces tribuns bavards, présomptueux et violents, qui ont la prétention de se poser en hommes d'Etat. Non, ces gens là (comme ceux de 1848) peuvent bien proclamer un gouvernement, ils sont impuissants à le fonder !

Mais arrêtons-nous là et concluons.

Si nos affaires vont mal, c'est que nous avons mal choisi nos mandataires ; quand le moment sera venu ingénions-nous à faire mieux. — Ennemis des grèves, des émeutes, des clubs et autres engins révolutionnaires, nous qui frémissons d'horreur en songeant aux maisons éventrées et aux cadavres déchiquetés par la dynamite, sans nous livrer à de subtiles distinctions sur les crimes politiques ou de droit commun... nous nous en tiendrons à notre bulletin de vote.

Nous nommerons des hommes de conciliation et de concorde, mais impitoyables pour ces malfaiteurs cosmopolites qui, dans leurs écrits, dans leurs discours et par leurs actes, ont déclaré une guerre impie à la civilisation.

Si parmi vous il y avait un homme couvert de dettes qui entreprendrait des travaux coûteux et inutiles et engagerait des procès avec tous ses voisins, vous diriez « c'est un fou ! » et vous vous garderiez bien de le choisir pour votre mandataire, — vous voterez pour un homme qui sera très économe de *l'or de la patrie et du sang de ses enfants* ; de leur temps aussi, en réduisant à trois ans le service militaire, délai suffisant pour faire un soldat, et en prenant sur les énormes budgets de l'instruction publique et des travaux publics les fonds nécessaires pour garder comme sous-officiers, en leur assurant une retraite convenable, un noyau des meilleurs soldats ayant le goût et les aptitudes du métier.

Si votre député, homme de mérite et ayant fait ses preuves non seulement de libéralisme, mais encore de républicanisme, n'a pas voté le fameux article 7, vous ne serez pas assez exclusif pour le mettre de côté parce qu'il devait avoir de bonnes raisons pour cela et qu'en agissant ainsi, du reste, il a prouvé son indépendance en n'acceptant pas servilement le mot d'ordre du meneur outrancier qui avait le grand tort de se croire infaillible.

Vous voulez, et vous avez raison, que vos enfants s'instruisent, mais il faut bien que la nourriture du corps passe avant celle de l'esprit ; il ne faut pas sept ans pour leur apprendre ce qu'il est utile qu'ils sachent pour leurs affaires, en vous privant si longtemps des services indispensables qu'ils rendent à la famille ; vous ne voudriez pas les envoyer, ces enfants, maigres, chétifs et les pieds nus dans ces belles écoles, construites à grands frais et cependant, pour les remplacer, il vous faudra grever votre passif déjà si lourd et arriver avec eux à la gêne, à la détresse peut-être !... choisissez donc un député qui saura faire concorder pour la famille l'obligation de faire instruire l'enfant avec la faculté pour celui-ci de se rendre utile, dans la limite de ses moyens, à ses parents, à ses jeunes frères ou sœurs et aux infirmes que l'on confie à sa garde lorsque les travaux appellent aux champs tous les valides.

Croyez-vous que votre choix sera bien mieux réussi lorsqu'on vous présentera une liste de dix ou quinze noms établie au chef-lieu sous l'influence despotique des orateurs ordinaires des réunions publiques ? Cette liste avec l'étiquette de quelques noms honorablement connus sera complétée par les frères et amis qu'on n'aura pu pourvoir de places bien payées, mais qui font peste et rage pour en avoir et auxquels, pour fermer la bouche, on offrira celle de député avec les appointements y afférents et la facilité pour une somme dérisoire de circuler sur les chemins de fer pour leurs petites affaires.

On dit qu'il faut ce système du scrutin de liste pour pouvoir établir les *grands courants* démocratiques — je trouve moi qu'en fait de prétendues réformes et de dépenses extravagantes les *petits courants* nous ont mené beaucoup trop loin. Vos intérêts, ceux de la patrie sont trop précieux pour que vous chargiez de les défendre des gens que vous ne connaîtriez que superficiellement.

Vous préférerez sans doute le système actuel qui vous permettra de choisir entre deux ou trois candidats qui s'offriront à vos suffrages ; il vous sera bien plus facile de vous renseigner sur leur compte que sur celui des dix ou quinze (d'après la population du département) que la grande ville imposerait à votre choix, comme si vous n'étiez pas capable de choisir vous-même votre représentant ! C'est-il de Bordeaux, de Périgueux ou d'Agen qu'on vous envoie vos candidats aux conseils généraux ? Vous les nommez directement, comme vous avez nommé et nommerez encore vos députés d'après le système actuel du scrutin d'arrondissement, basé sur le principe républicain du *suffrage universel direct*.

A une autre fois, mes amis ; si je comprends que votre opinion, que vous n'avez pas le temps de discuter dans des clubs, se prononce sur telle ou telle question importante intéressant le pays, je me ferai un plaisir, un devoir, un honneur de la formuler pour vous, et, dans le cas où je ne pourrais alors le faire, je vous en supplie, retenez bien ceci :

Le grand patriote, le fondateur de la République a dit : *la République sera conservatrice ou elle ne sera pas* ; en effet, le pays a besoin de repos, de sécurité et déteste les révolutionnaires et ceux qui de près ou de loin pactisent avec eux — assurez donc le salut de la République en excluant rigoureusement de l'urne électorale les exagérés, les violents, les absolus, en un mot: *les Outranciers*.

Jacques BONHOMME

Pour copie conforme :

G. F.

Sainte-Foy (Gironde), novembre 1882.

Bergerac. — Imp. Périgord et Coudré.

Bergerac – Imp. Lith. Périgord et Coudré